Max Riccio
O violão entrou na roda

Um guia prático para principiantes

Nº Cat.: 436-M

Irmãos Vitale Editores Ltda.
vitale.com.br
Rua Raposo Tavares, 85 São Paulo SP
CEP: 04704-110 editora@vitale.com.br Tel.: 11 5081-9499

© Copyright 2017 by Irmãos Vitale Editores Ltda. - São Paulo - Rio de Janeiro - Brasil.
Todos os direitos autorais reservados para todos os países. *All rights reserved.*

Produção Executiva:
Fernando Vitale

Coordenação Editorial:
Roberto Votta

Diagramação / Coloração:
Danilo David

Revisão de Conteúdo Técnico-Musical e de Texto:
Nicolas de Souza Barros

Capa:
Luiz Claudio Costa

Obra Reproduzida na Capa:
Título: Ciranda
Autor: Candido Portinari
Data: 1958
FCO: 5041
CR: 4323
Técnica: Pintura a óleo / madeira
Dimensões: 61 x 75 cm
Direito de reprodução gentilmente cedido
por João Candido Portinari

Editoração Eletrônica das Partituras:
Sergio Ricardo Nogueira

Ilustrações:
Magno Oliveira de Almeida

Contato:
Max Riccio
maxwellriccio@gmail.com

CIP-BRASIL. CATALOGAÇÃO NA PUBLICAÇÃO
SINDICATO NACIONAL DOS EDITORES DE LIVROS, RJ

R379v

    Riccio, Maxwell, 1983-
      O violão entrou na roda : um guia prático para iniciantes / Maxwell Riccio. - 1. ed. - Rio de Janeiro : Irmão Vitale, 2018.
      72p. : il. ; 23 cm.

    ISBN 978-85-7407-486-3

    1. Violão - Instrução e estudo. I. Título.

17-46378   CDD: 787.3193
                            CDU: 780.614.131

28/11/2017   28/11/2017

Dedicatória

Este livro é dedicado aos meus filhos Alexandre e Bárbara.

Agradeço à minha esposa Daniela Riccio por todo apoio e suporte que precisei para este feito. Aos meus orientadores no programa de mestrado profissional em ensino das práticas musicais (PROEMUS UNIRIO), Drº Nicólas de Souza Barros pela dedicação, revisão e contribuição com ideias e seu amplo conhecimento técnico-musical e Profª Ermelinda Paz por me permitir usufruir de seu conhecimento sobre folclore e metodologias musicais, além de me ajudar intermediando junto ao Projeto Portinari e com a Editora Irmãos Vitale. Ao meu querido padrinho Luis Carlos Barbieri pelos ensinamentos e arranjos dedicados para esta obra. Ao Profº João Candido Portinari por ceder gentilmente a reprodução da obra Ciranda na capa deste livro. A todos professores e alunos da AV-Rio Social pelo belíssimo trabalho na educação musical através do violão. Ao meu irmão Magno pelas belas e criativas ilustrações. Ao querido amigo Sergio Ricardo Nogueira por toda paciência e eficiência na editoração das partituras. Aos amigos Luiz Claudio Costa pela composição da capa e Charmaine Barbosa pela ajuda durante a elaboração deste trabalho. Por fim a todos os amigos do PROEMUS que tanto me inspiraram.

Max Riccio

Sumário

PREFÁCIO 07

INTRODUÇÃO 09

ORGANIZAÇÃO E MODO DE USAR 10

PARTE I: Manual técnico 11
    As partes do violão 13
    Postura corporal 14
    Símbolos das mãos e dos dedos 14
    Técnicas de execução 15
    Toque com apoio 15
    Toque sem apoio 15
    Toque com polegar sem apoio 16
    Rasgueio 16
    Posição da mão esquerda 17
    Ação dos dedos da mão esquerda 17
    Índice temático 18
    Melodia: índice progressivo 20
    Percussão: índice progressivo 21
    Rasgueio: índice progressivo 21
    Ostinato: índice progressivo 22
    Arpejos: índice progressivo 22
    Baixo: índice progressivo 23
    Levada: índice progressivo 23
    Dicionário de cifras 24

PARTE II: Tocando e cantando 25
    Lê lê lê 27
    O leme me chamô 28
    Bam-ba-la-lão 29
    São João Batista 31
    Chicotinho queimado 32
    Canção de desafio 33
    Tororó 35
    Ciranda, cirandinha 36
    Moçambique 37
    O cravo brigou com a rosa 39
    Peixe vivo 40
    Lavadeira 43
    Pezinho 44
    Escravos de Job 47
    O caranguejo 48
    Minina, saia comigo 49
    Pai Francisco 51
    Bela pastora 52
    Capelinha de melão 53

PARTE III: Violão solo 55
    Ciranda, cirandinha 57
    Capelinha de melão 57
    Marinheiro, encosta a barca 58

Nesta rua	58
O cravo brigou com a rosa	59
Tororó	59
Lavadeira	60
Bela pastora	60
Teresinha de Jesus	61
Peixe vivo	61
Sinhá Marreca	62
O caranguejo	62
Samba-lê-lê	63
Juliana e Dom Jorge	64
Pai Francisco	65

PROCEDÊNCIA DAS CANÇÕES 67

Prefácio

Ao longo das últimas décadas os trabalhos desenvolvidos na área da educação musical vêm aperfeiçoando sua abordagem sobre o assunto. Os métodos passaram a ter um cuidado todo especial em aliar arte, técnica e conteúdo. Apesar destas mudanças os trabalhos voltados para a iniciação musical ainda são pouco adotados pelos profissionais, que, em sua maioria, utilizam empiricamente seus conhecimentos adaptados para o universo infantil. O ensino do violão para crianças não foge à regra.

Talvez pelo fato dos músicos, em geral, objetivarem o seu próprio desenvolvimento como instrumentistas e galgarem postos nos meios acadêmicos, faça com que se distanciem do ensino do instrumento para crianças. Curiosamente, temos mais frentes de trabalho para quem se dedica à iniciação musical, principalmente no violão, por sua grande difusão, do que no ambiente do ensino superior. É inquestionável que com um ensino cuidadoso e motivador para crianças, teremos um maior número de interessados no instrumento, com alguns se dedicando à profissão. A importância de oferecermos às crianças uma educação musical ou violonística de qualidade vai além de possibilitar o surgimento de novos bons profissionais. Temos aqui a oportunidade de ampliar a formação de plateias consumidoras dos produtos (concertos, aulas e CDs) e conhecedora dos encantos e desafios que o instrumento nos apresenta.

Acompanho bem de perto o primoroso trabalho que Max Riccio vem desenvolvendo nesta área e, por sua dedicação, empenho e seriedade, em pouco tempo alcançou excelentes resultados. Podemos percebê-los em um simples brilho no olhar de um aluno, ao fim de uma aula, ou na sua satisfação ao tocar o instrumento. Certamente, este não é um método científico para comprovar a excelência de seu trabalho, então, podemos percebê-lo na participação vitoriosa de seus alunos em concursos nacionais de violão (nas categorias mirins), em apresentações públicas ou nos programas de rádio nos quais acompanhou seus pupilos. Esta primeira publicação é a consequência natural dos questionamentos e da vontade de aprimorar a qualidade de sua atividade como educador.

Este guia tem como norte a objetividade, a simplicidade e se coloca como uma ferramenta de auxílio para o professor e incentivo para que o aluno descubra um mundo novo. O veículo encontrado foi a música folclórica brasileira, tesouro nacional relegado à segundo plano por um mercado que globaliza para comercializar o aculturamento. Mas a nossa cultura, cheia de ritmos marcantes, com temas que sobrevivem no universo popular, sempre está sendo defendida por algum guardião, como é o caso desta obra. Os índices (temático, melódico, arpejos, meia pestana, rasgueios e percussão, entre outros) auxiliam o professor à uma escolha mais acertada para a necessidade de cada aluno. É um luxo o detalhamento que estes índices nos oferecem.

Rico e originalmente ilustrado, o guia é instigante para o aluno e oferece um novo repertório para violão solo com arranjos inéditos para esta faixa etária.

Uma aula de música é como o trabalho de alfaiate: tem que ser elaborada sob medida para quem vai "usar" o instrumento. Não existem fórmulas prontas ou padronizadas. É fundamental a sensibilidade do professor para saber como transmiti-la ao seu aluno. Ele deve avaliar o momento certo de avançar, marcar o passo ou buscar outros caminhos, mas incentivar sempre.

Aqui, iremos encontrar propostas organizadas de técnica, músicas do nosso folclore e momentos lúdicos, oferecendo ao aluno a possibilidade de enriquecimento cultural e musical, e ao educador, novos horizontes pedagógicos.

Luis Carlos Barbieri

Introdução

Neste guia, criei arranjos coletivos para grupos de violões, baseados no folclore brasileiro. Estruturados de forma lúdica e podendo ser usados em diversas situações (como aulas individuais ou em grupo), estas adaptações oferecem aos professores a flexibilidade de manusear os conteúdos de acordo com as suas necessidades.

Quando iniciei meu aprendizado de violão, não tive professor, sendo obrigado a "tirar música de ouvido" e a tocar usando cifra. Não eram tarefas fáceis, e eu poderia ter perdido a motivação de aprender a tocar. Continuei porque estava muito entusiasmado, também contando com a ajuda de amigos que me ensinavam algumas coisas. Ainda assim, senti na pele o preço pago para corrigir os maus hábitos desenvolvidos nessa iniciação inconsistente.

Comecei a ter mais possibilidades técnicas a partir de aulas regulares com professores qualificados. Naquele momento, eu vi alguns colegas desistindo, frequentemente devido às dificuldades no aprendizado. Nunca aceitei isso. Temos que criar caminhos para atingir os objetivos desejados, principalmente quando há motivação para aprender.

Após a minha qualificação profissional, e tendo decidido dedicar-me ao ensino de violão, comecei a observar que cada aluno ou grupo de nível inicial demonstra dificuldades e interesses específicos. Algumas crianças querem apenas fazer uma prática musical divertida. Já determinados adolescentes pretendem ser músicos profissionais, enquanto outros somente desejam tocar músicas de seus ídolos. Uma parte dos adultos buscam as experiências auditivas da sua adolescência, enquanto outros ambicionam poder exercer uma atividade profissional na música. E finalmente, alguns idosos visam exercer uma prática social através da música.

Qual caminho devemos trilhar juntos com cada um? Como educadores de música, precisamos agir como guias, mas às vezes faltam os mapas e as bússolas!

A diversidade de objetivos se amplia quando tratamos de estilos ou linguagens musicais específicas que estão intimamente conectadas ao violão, como a música popular ou clássica, o flamenco ou samba, o choro e a bossa-nova. E ainda existem as variantes ligadas à situação didática, que a grosso modo podem ser simplificados para ensino coletivo ou individual. São infinitas as combinações. Com isso, o didata é obrigado em muitas situações a trilhar diversos caminhos metodológicos, e não são raros os casos em que não consegue adequar o ensino às vontades e aspirações de determinados alunos.

Pensando cuidadosamente em cada um desses pontos, arranjei as músicas da forma mais simples e progressiva possível. Entretanto, como o escopo do livro é limitado, nas suas atividades didáticas o mestre pode adaptar essa metodologia de arranjos para qualquer repertório.

Baseado em anos de experiência lecionando no Projeto Social da Associação de Violão do Rio (AV-Rio) para faixas etárias mais jovens - de 8 a 13 anos - desenvolvi este guia prático para oferecer uma nova alternativa à literatura de iniciação ao violão do nosso país, buscando proporcionar um aprendizado seguro para o iniciante e ao mesmo tempo um material flexível para o professor de ensino coletivo.

Todas as canções foram selecionadas do livro 500 Canções Brasileiras (Brasilia: Ed. Musimed, 3ª edição, 2015), de Ermelinda A. Paz.

Organização e modo de usar

Este guia está dividido em 3 seções:

• **PARTE I:** Manual técnico. Nesta seção encontramos índices organizados por assuntos, que nortearão a organização técnica, instrumental e musical dos arranjos da **Parte II**. Ou seja, os índices servem como uma espécie de cardápio técnico; nestes, o professor pode buscar conteúdos específicos, tanto musicais quanto relativos à técnica violonística. Segue um índice com nomenclaturas específicas da técnica violonística, assim como algumas orientações a respeito dos recursos técnicos utilizados.

• **PARTE II:** Tocando e cantando. Com ilustrações lúdicas, os arranjos da seção apresentam várias vozes (partes), que podem ser tocados e cantados juntos. O professor, ao consultar os índices progressivos técnicos e musicais da **Parte I**, poderá escolher quais atividades irá exercer, de acordo à temática da sua aula.
Há duas maneiras de usar este material:

1. **Nas aulas individuais**, o professor pode escolher uma das partes para o aluno acompanhar a canção ou tocar a própria melodia. A complexidade da tarefa será determinada pelo nível técnico e musical do aluno. O professor pode tocar outra parte em conjunto. Assim, em determinada situação de aula o aluno pode aprender a tocar a linha mais grave de um arranjo (a voz do baixo), ou os arpejos do acompanhamento (segunda voz), ou a melodia (primeira voz). Para os mais iniciantes, podemos treinar somente a parte rítmica, percutindo o violão, que é geralmente a voz mais simples.

2. **Em aulas em grupo**, onde normalmente encontramos grande heterogeneidade nas competências dos alunos (ou até mesmo nos seus objetivos), o professor pode distribuir as partes do arranjo para obter o melhor rendimento de cada uma das individualidades diante dele.

Em um primeiro momento, o mestre deve utilizar recursos orais, assim como processo imitativo, quando os alunos ainda não possuem os rudimentos teóricos que permitem a leitura musical.

• **PARTE III:** Violão solo. Nesta última seção, foram elaborados arranjos que unem os conteúdos técnicos e musicais desenvolvidos na **Parte II**, assim desenvolvendo novas habilidades instrumentais de forma progressiva. Alguns dos arranjos da seção são de autoria do consagrado professor, violonista e compositor Luis Carlos Barbieri. Consideramos esta fase como a "porta de entrada" para o estudo do violão solo instrumental, e posteriormente, o aluno (a) poderá aproveitar o rico repertório do nosso instrumento, que vem desde a Renascença (século XVI) até os dias atuais.

Por fim, convido você a entrar na roda junto com o nosso querido violão!

IMPORTANTE: Este guia tem por objetivo promover inclusão social.

PARTE I
Manual Técnico

As partes do violão

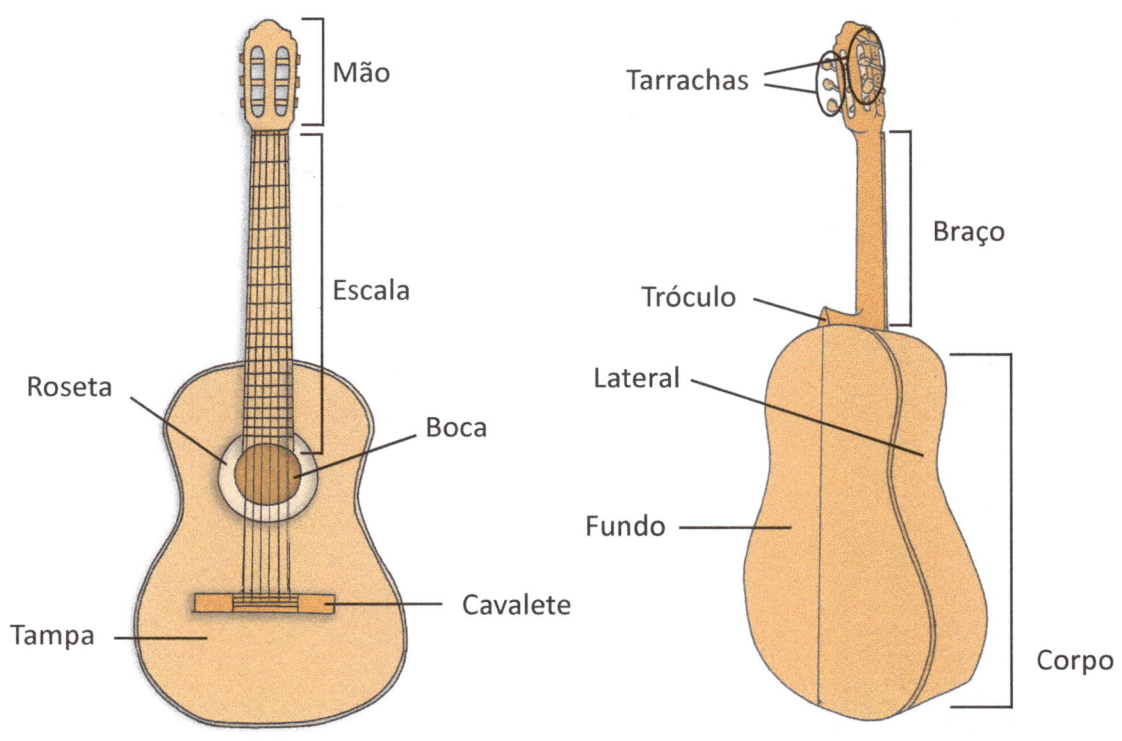

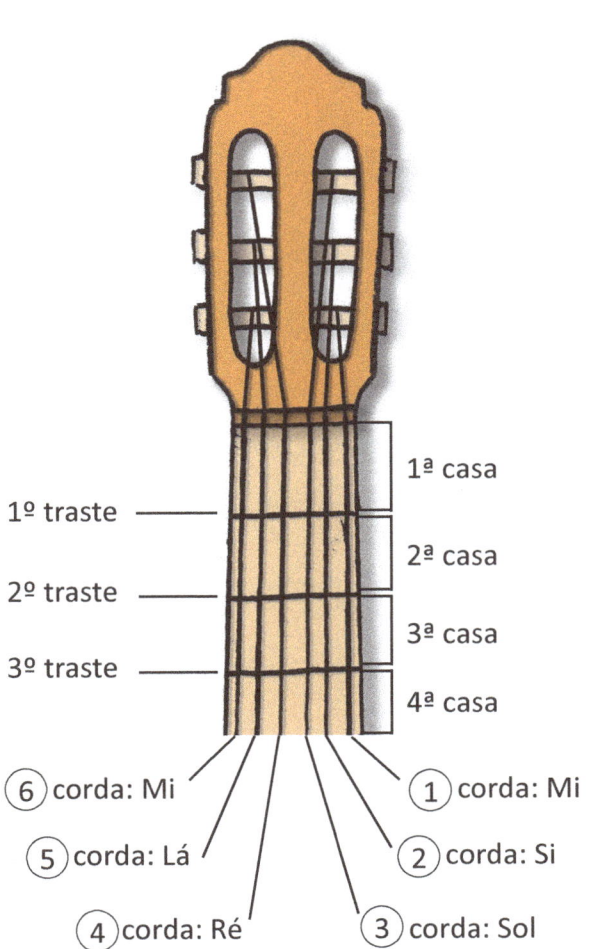

Postura corporal

O assento da cadeira escolhida deve estar aproximadamente na altura dos joelhos. É recomendado o apoio ajustável para o pé. Ajuste o apoio para o pé e a inclinação do violão de modo que os ombros estejam alinhados e relaxados. Busque uma postura corporal similar à da figura abaixo:

Símbolos das mãos e dos dedos

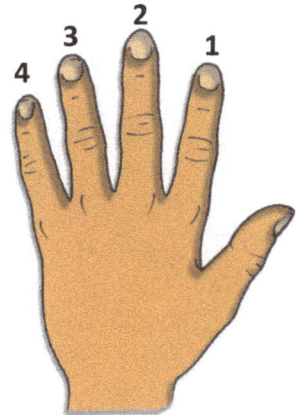 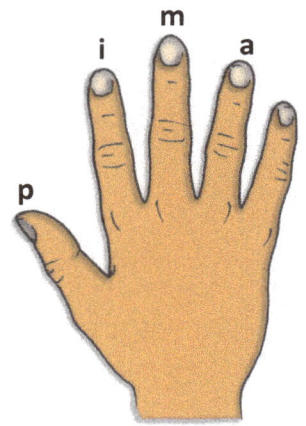

MÃO ESQUERDA - **ME**
indicador - **1**
médio - **2**
anelar - **3**
mínimo - **4**

MD - MÃO DIREITA
p - polegar
i - indicador
m - médio
a - anelar

TÉCNICAS DE EXECUÇÃO

Agora, seguem as sugestões para as principais técnicas que serão utilizadas na execução dos arranjos na **Parte II**.

Toque com apoio

Recomendo que o toque com apoio seja usado nas melodias (a 1ª voz) dos arranjos.

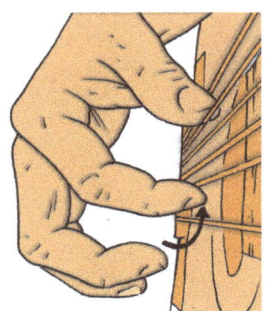 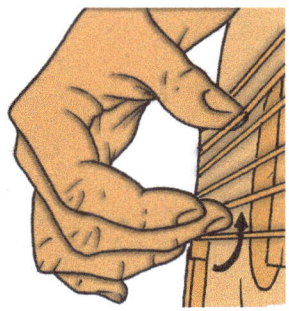

O **i** ou **m** toca a 1ª corda empurrando-a em direção à tampa, depois apoiando na corda adjacente (2ª corda).
Tente manter os outros dedos relaxados.

> **DICA:** para aumentar a estabilidade da MD, coloque o **p** na 5ª corda.
> Tente manter um contato suave com esta.

Toque sem apoio

Quando tocamos várias cordas ao mesmo tempo (acordes), ou uma seguida da outra (arpejos), devemos usar o toque sem apoio.

Ao tocar a corda desejada, o dedo não irá encostar na corda vizinha.

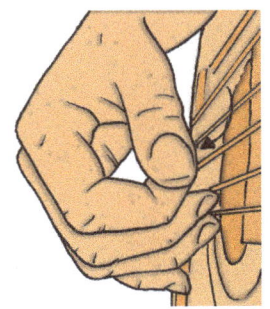 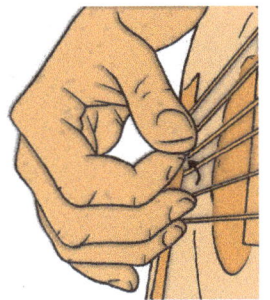

O **p** toca a 4ª corda empurrando-a em direção à tampa (isto, proporciona mais volume e projeção). Sem apoiar na corda adjacente (3ª corda).

Já o **i** toca a 3ª corda empurrando-a em direção à tampa. Sem apoiar na corda adjacente (4ª corda).

> **DICA:** dependendo do caso, coloque os dedos que não serão utilizados em cordas que também não serão utilizadas; isto proporcionará maior estabilidade da MD. Por exemplo, quando utilizar o toque com **p** e **i**, coloque o **a** na 1ª corda e o **m** na 2ª corda.

Toque com polegar sem apoio

Para tocar a voz dos **baixos**, é preferível ensinar primeiro o toque do **p** sem apoio, para aumentar a estabilidade da **MD**, que poderia ser comprometida pela iniciação usando o **p** com apoio. O aprendizado dessa técnica auxiliará no aprimoramento técnico do aluno, permitindo que atinja mais facilmente estágios mais avançados de execução, como os arranjos da **Parte III**.

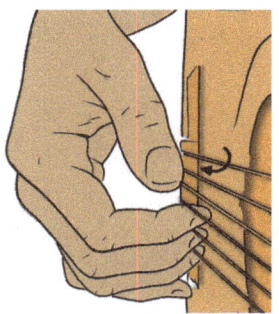

O **p** toca a 6ª corda empurrando-a em direção à tampa, mas sem apoiar na corda adjacente (5ª corda).

DICA: posicionar **i**, **m** e **a** nas cordas agudas.
Procure impedir que o **p** se afaste muito da corda tocada.

Rasgueio

O **rasgueio**, também conhecido como *rasgueado* ou *rasgado*, é o ato de golpear várias cordas com um único movimento. Este movimento poderá ser ascendente, quando o **i** golpeia as cordas em direção à corda mais aguda, ou descendente, quando o i ataca em direção à corda mais grave.

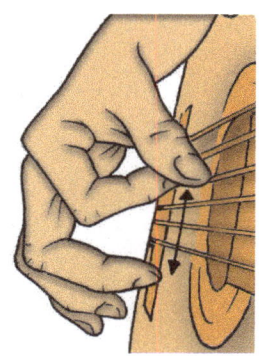

Posição da mão esquerda

Quando tocamos a **melodia**, em muitos casos é importante manter os dedos **1**, **2**, **3** e **4** próximos as casas vizinhas (trastes adjacentes), mesmo quando não estão em contato com a corda. Assim, os dedos terão maior eficiência na sua ação.

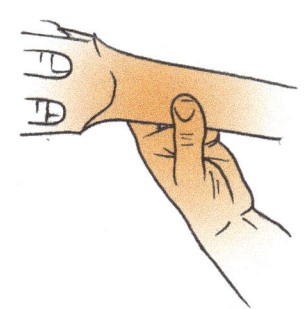

Inicie posicionando o polegar aproximadamente no meio do braço.

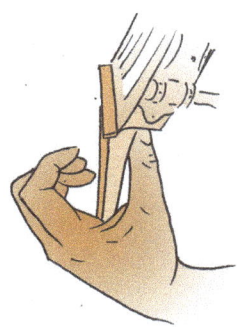

Tente manter o polegar reto, ou seja, sem dobrar as suas falanges. Deixe a palma da mão sem encostar no braço, mas também sem ficar muito distante desse.

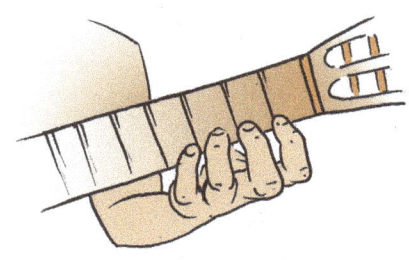

Tente manter a palma da mão paralela ao braço do violão.

DICA: o polegar da **ME** deve exercer o mínimo de força possível.

Ação dos dedos da mão esquerda

Para desenvolver um posicionamento mais adequado dos dedos da **ME**, é sugerido começar utilizando somente o dedo **3**. Isso pode potencializar a estabilidade dos outros dedos sobre as suas casas, o que pode não acontecer se começar usando o dedo **1**. Isto significa que os dedos **2**, **3** e **4**, tendem a ficar torcidos ou distantes das suas respectivas casas. Ao pressionar as cordas, utilize as pontas dos dedos da **ME** (exceto nas pestanas e meias-pestanas). Tente usar a mínima força possível.

Comece colocando a **ME** com o uso do dedo **3** na 3ª casa, na 2ª corda. Deixe os demais dedos posicionados próximos às suas respectivas casas, como na ilustração acima.

Quando for utilizar o **1**, mantenha os outros dedos próximos às suas respectivas casas. Dessa forma, o **1** poderá alcançar a 1ª casa sem tirar a **ME** da posição desejada.

DICA: é importante tentar apertar bem ao lado do traste, para diminuir a pressão dos dedos.

Índice temático

Canções		Pág.
Lê lê lê		27
O leme me chamô		28
Bam-ba-la-lão		29
São João Batista		31
Chicotinho queimado		32
Canção de desafio		33
Tororó		35
Ciranda, cirandinha		36
Moçambique		37
O cravo brigou com a rosa		39

Canções

		Pág.
Peixe vivo	Andantino — Como pode o peixe vivo viver fora d'água fria, como	40
Lavadeira	Moderato — Quem te ensinou lavadeira, quem te ensinou a lavar.	43
Pezinho	Allegretto — Ai bota aqui ai bota aqui o teu pezinho, o seu pe-	44
Escravos de Job	Andantino — Escravos de Job jogavam caxangá	47
O caranguejo	Andante — Caranguejo não é peixe caranguejo peixe é, caran-	48
Minina, saia comigo	Andante — Minina saia comigo, divirti e passiá.	49
Pai Francisco	Andante — Pai Francisco entrou na roda tocan-	51
Bela pastora	Andante — Lá em cima daquela montanha avistei uma bela pastora que di-	52
Capelinha de melão	Andantino — Capelinha de melão é de São João, é de	53

Melodia: índice progressivo (toque com apoio)

	Nº de cordas	Dedos da ME	Mudança de posição	Nº de meia-pestanas	Pág.
Lê lê lê	2	Dedo 3	-	-	27
O leme me chamô	2	Dedo 3	-	-	28
Canção de desafio	2	Dedo 3	-	-	33
Chicotinho queimado	1	Dedos 1 e 3	-	-	32
Moçambique	2	Dedos 1 e 3	-	-	37
Bam-ba-la-lão	2	Dedo 2	-	-	29
São João Batista	2	Dedo 2	-	-	31
Ciranda, cirandinha	3	Dedos 1, 3 e 4	-	-	36
Pezinho	3	Todos	-	-	44
Tororó	4	Todos	-	-	35
Peixe vivo	3	Todos	-	-	40
O cravo brigou com a rosa	3	Todos	I - II - I	-	39
O caranguejo	3	Todos	I - V - I	1	48
Minina, saia comigo	2	Dedos 2, 3 e 4	-	-	49
Lavadeira	3	Todos	I - II - I	-	43
Capelinha de melão	2	Todos	-	-	53
Bela pastora	3	Dedos 1, 2 e 4	-	-	52
Escravos de Job	4	Dedos 1, 2 e 3	-	-	47
Pai Francisco	3	Dedos 1, 2 e 3	-	-	51

Percussão: índice progressivo

	Padrão rítmico	Pág.
O leme me chamô		28
Bam-ba-la-lão		29
Lê lê lê		27
Minina, saia comigo		49
Lavadeira		43

Rasgueio: índice progressivo

	Ritmo	Dedos simultâneos da ME	Nº de meia-pestanas	Pág.
Canção de desafio		-	-	33
São João Batista		Dedos 1, 2 e 3	-	31
Moçambique		Dedos 1, 2 e 3	-	37
Peixe vivo		Dedos 1, 2 e 3	-	40
Ciranda, cirandinha		Dedos 1 e 2	1	36
Capelinha de melão		Dedos 2 e 3; 1, 2 e 3	1	53

Ostinato: índice progressivo (princípio de arpejo e levada)

	Fórmula de MD	Dedos da ME	Dedos simultâneos da ME	Pág.
Bam-ba-la-lão	p - i	Dedos 1 e 2	-	29
Lê lê lê	p - i	Dedo 2	-	27
O leme me chamô	p - i	Dedo 2	-	28
São João Batista	p - i	Dedo 2	-	31

Arpejos: índice progressivo (toque sem apoio)

	Fórmula de arpejo	Dedos da ME	Dedos simultâneos da ME	Pág.
Chicotinho queimado	p - i - m - i	-	-	32
Tororó	p - i - m - i	Todos	Dedos 1 e 2; 1 e 3.	35
Peixe vivo	p - i - m - p - i - m - p	Dedos 1, 2 e 3	Dedos 3 e 1; 2, 3 e 1.	40
O cravo brigou com a rosa	p - i - ma - i - ma - i	Todos	Dedos 1, 2 e 3; 3 e 4.	39
Bela pastora	p - i - m; p - im	Dedos 1, 2 e 3	Dedos 1, 2 e 3.	52

Baixo: índice progressivo (toque com polegar)

	Nº de cordas	Dedos da ME	Pág.
Lê lê lê	2	-	27
O leme me chamô	2	-	28
Bam-ba-la-lão	2	Dedo 2	29
Pezinho	2	Dedo 3	44
Canção de desafio	2	Dedo 3	33
Chicotinho queimado	2	Dedo 3	32
São João Batista	2	Dedo 3	31
Bela pastora	2	Dedos 2 e 3	52
O cravo brigou com a rosa	3	Dedos 2 e 3	39
Capelinha de melão	2	Dedos 1 e 3	53
Tororó	3	Dedo 3	35
Moçambique	3	Dedos 2 e 3	37
Peixe vivo	2	Dedos 2 e 3	40
O caranguejo	3	Dedos 1, 2 e 3	48
Ciranda, cirandinha	2	Dedos 1, 3 e 4	36
Minina, saia comigo	3	Dedos 2 e 3	49
Lavadeira	3	Dedos 1, 2 e 4	43
Escravos de Job	3	Todos	47

Levada: índice progressivo

	Dedos da MD	Dedos simultâneos da ME	Nº de meia-pestanas	Pág.
Canção de desafio	p i m	-	-	33
Pezinho	p i m	Dedos 1 e 3	-	44
O cravo brigou com a rosa	p i m	Dedos 1 e 3	-	39
Minina, saia comigo	p i m	Todos	-	49
Lavadeira	p i m	Dedos 1, 2 e 3.	-	43
O caranguejo	p i m	Dedos 1 e 2	1	48
Escravos de job	p i m a	Dedos 1 e 3	-	47
Pai Francisco	p i m a	Dedos 1, 2 e 3.	-	51

Dicionário de cifras

Todos os arranjos da Parte II, acompanham cifras alfanuméricas. O professor poderá usar o recurso das cifras para acompanhar seus alunos em aulas individuais ou dar um suporte na prática de conjunto em aulas coletivas. As cifras também serão úteis para os alunos que já obtiverem domínios desta linguagem.

Segue o dicionário de cifras:

A

Am

Am7

A7

Bm7

B7

B7/F♯

C

D

D7

D7/F♯

E

Em

E7

E/G♯

F

F♯m

G

G7

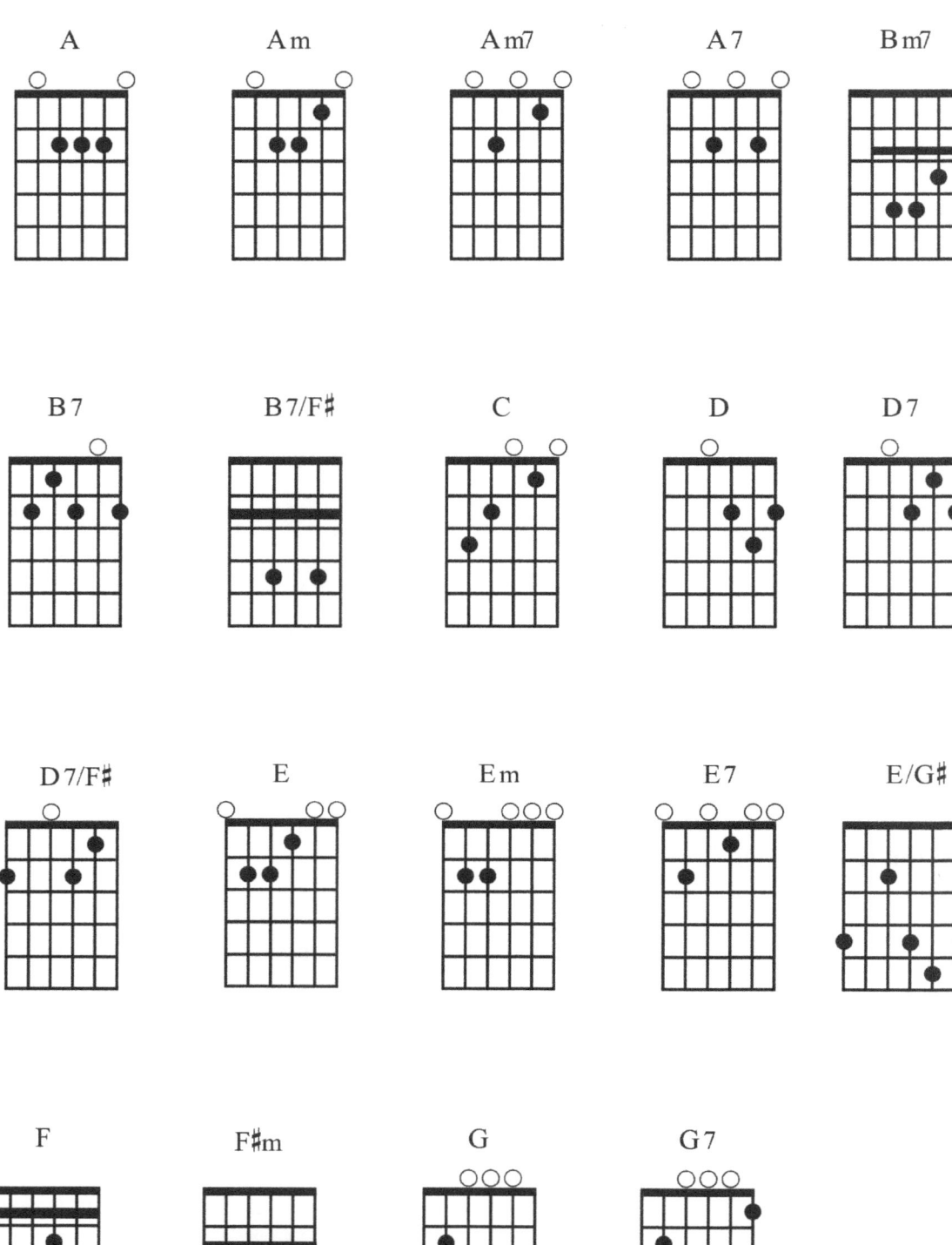

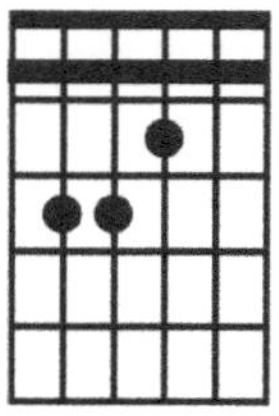

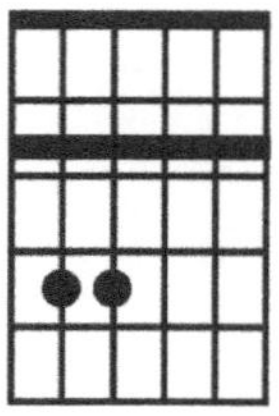

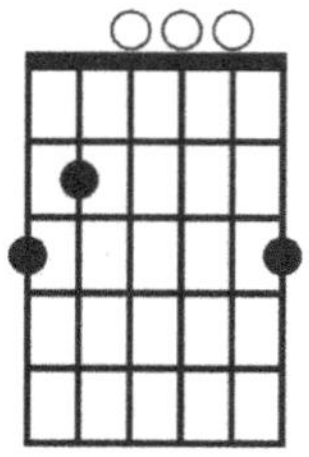

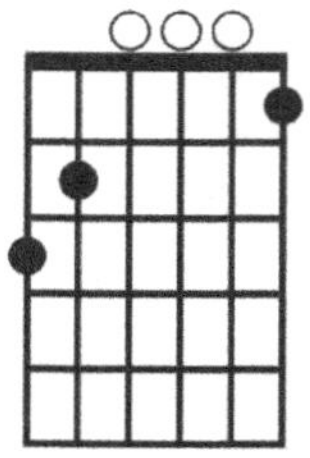

PARTE II
Tocando e cantando

DICA para a **melodia**: manter o **3** na 2ª corda durante toda a canção.
DICA para o **ostinato**: manter **m** e **a** encostados na 2ª e 1ª corda.
DICA para o **baixo**: manter **i**, **m** e **a** encostados nas cordas agudas.

Lê lê lê

Arranjo: Max Riccio

X: Golpe suave no cavalete com o polegar da **MD**.
▲: Golpe suave na lateral do violão com a palma da **ME**.

DICA para a **melodia**: manter o **3** na 2ª corda durante toda a canção.
DICA para o **ostinato**: manter **m** e **a** encostados na 2ª e 1ª corda.
DICA para o **baixo**: manter **i**, **m** e **a** encostados nas cordas agudas.

O leme me chamô

Arranjo: Max Riccio

X: Golpe suave no cavalete com o polegar da **MD**.
▲: Golpe suave na lateral do violão com a palma da **ME**.

DICA para a **melodia**: manter a **ME** preparada para usar o **2**.
DICA para os **arpejos**: manter o **m** encostado na 1ª corda.
DICA para o **baixo**: manter **i**, **m** e **a** encostados nas cordas agudas.

Bam-ba-la-lão

Arranjo: Max Riccio

Bam - ba - la - lão ___ se - nhor ca - pi - tão ___ es - pa - da na cin - ta gi - ne - te na mão.

X: **Som de caixa-clara (tarol)** - entrelaçar a 5ª e 6ª corda na 7ª casa com o **3**. Utilizar **2** e **1** para manter as cordas entrelaçadas.

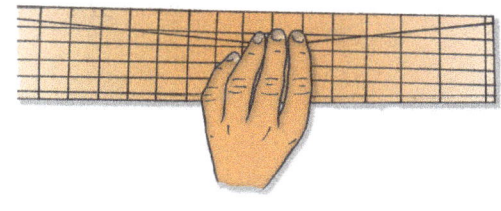

DICA para a **melodia**: manter a **ME** preparada para usar o **2**.
DICA para o **rasgueio**: manter o **p** na 4ª corda, para aumentar a estabilidade da **MD**.
DICA para o **ostinato**: manter **m** e **a** encostados na 2ª e 1ª corda.
DICA para o **baixo**: manter **i**, **m** e **a** encostados nas cordas agudas.

São João Batista

Arranjo: Max Riccio

>: Acento rítmico - tocar mais forte as notas que acompanham este símbolo.

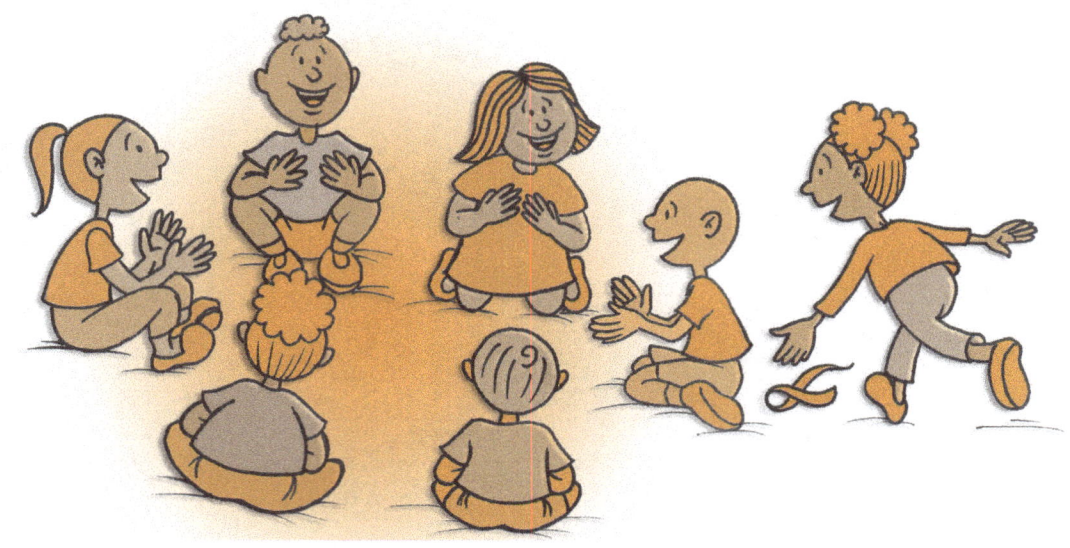

DICA para a **melodia**: quando usar o **1**, deixe o **3** próximo da 3ª casa.
DICA para os **arpejos**: manter o **a** encostado na 1ª corda.
DICA para o **baixo**: manter o **3** na 6ª corda durante toda a canção. Quando for tocar a pausa ou a nota Ré na 4ª corda, retirar a pressão do **3**, mas sem desencostá-lo totalmente da corda.

Chicotinho queimado

Arranjo: Max Riccio

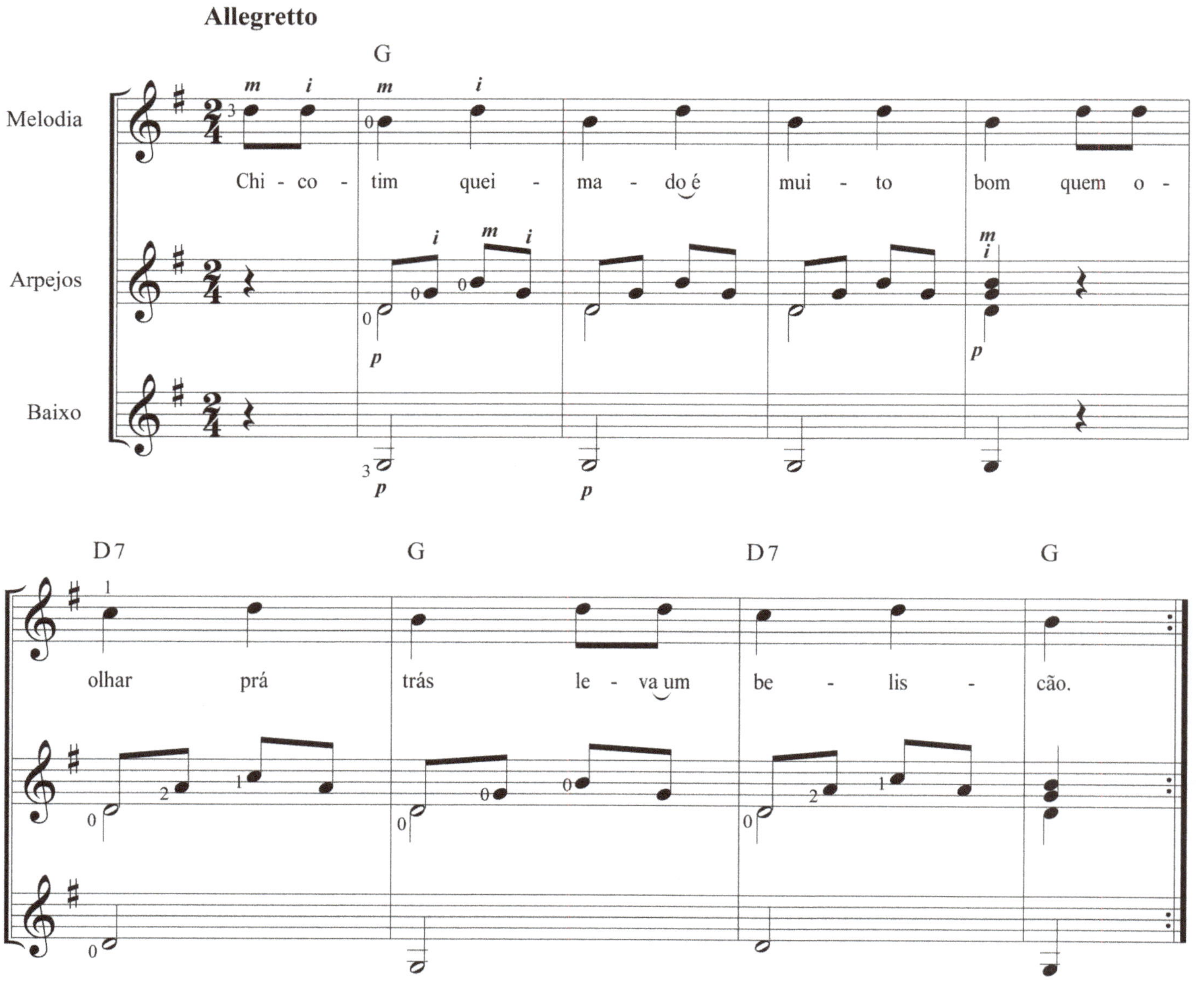

Allegretto
Melodia
Arpejos
Baixo
G
D7
G
D7
G
Chi - co - tim quei - ma - do é mui - to bom quem o - olhar prá trás le - va um be - lis - cão.

DICA para a **melodia**: manter a **ME** preparada para usar o **3**.
DICA para o **rasgueio**: manter o **p** na 4ª corda para aumentar a estabilidade da **MD**.

Canção de desafio

Arranjo: Max Riccio

DICA para o **baixo**: manter **i**, **m** e **a** encostados nas cordas agudas.

Tororó

Arranjo: Max Riccio

DICA para o **rasgueio**: existem duas opções; atacar simultaneamente com **i**, **m** e **a**, ou somente com **i**.

Ciranda, cirandinha

Arranjo: Max Riccio

¢1: utilize o **1** para pressionar duas cordas (1ª e 2ª corda) ao mesmo tempo na 1ª casa.

DICA para a **melodia**: quando usar o **1**, deixe o **3** próximo da 3ª casa.
DICA para o **rasgueio**: manter o **p** na 4ª corda para aumentar a estabilidade da **MD**.

Moçambique

Arranjo: Max Riccio

DICA para o **baixo**: manter **i**, **m** e **a** encostados nas cordas agudas.

O cravo brigou com a rosa

Arranjo: Max Riccio

I: Primeira posição - quando o **1** ocupa a 1ª casa.
II: Segunda posição - quando o **1** ocupa a 2ª casa.

Peixe vivo

Arranjo: Max Riccio

Andantino

Como pode o peixe vivo viver fora d'água fria, como fora d'água fria como poderei viver___ como poderei viver___ sem a

> : **Acento rítmico** - tocar mais forte as notas que acompanham este símbolo.

• : **Staccato** - encurta a duração do som. Afrouxar a pressão dos dedos sobre as cordas, logo após o toque, mas sem desencostá-los totalmente das cordas.

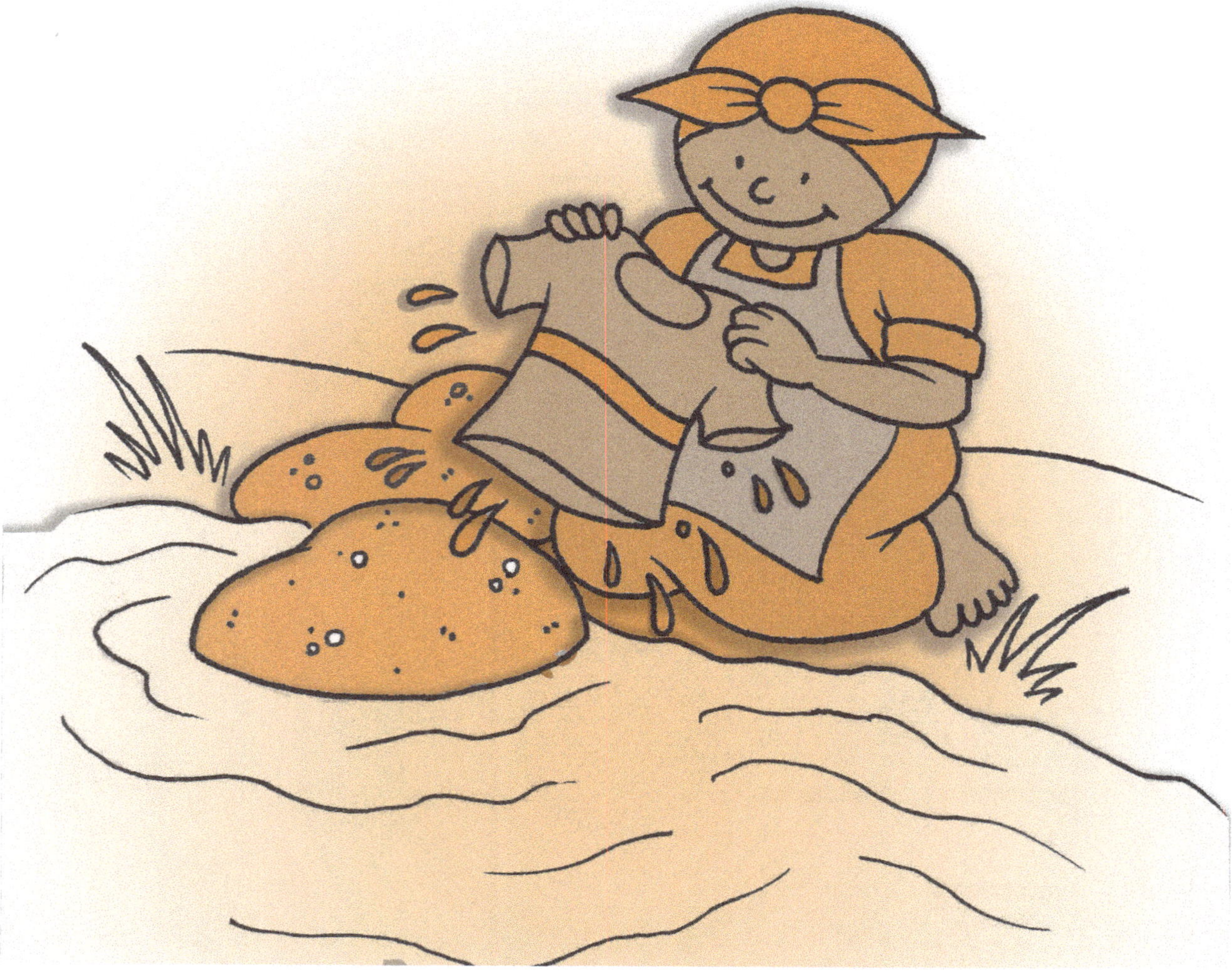

Lavadeira

Arranjo: Max Riccio

Moderato

Quem te en-si-nou la-va-dei-ra, quem te en-si-nou a la-var.

Foi, foi, foi la-va-dei-ra, foi o pei-xi-nho do mar _____ foi o pei-xi-nho do mar.

X: Golpe suave no cavalete com o polegar da **MD**.
▲: Golpe suave na lateral do violão com a palma da **ME**.
I: Primeira posição - quando o **1** ocupa a 1ª casa.
II: Segunda posição - quando o **1** ocupa a 2ª casa.

DICA para o **baixo**: manter **i**, **m** e **a** encostados nas cordas agudas.

Pezinho

Arranjo: Max Riccio

pois não vá dizer____ que você____ se ar-re-pen-deu____ e de- deu____

DICA para a **melodia**: manter **p** encostado na 6ª corda.
DICA para o **baixo**: manter **i**, **m** e **a** nas cordas agudas.

Escravos de Job

Arranjo: Max Riccio

Andantino

Lyrics: Es - cra - vos de Job jo - ga - vam ca - xan - gá ti - ra bo - ta dei - xa o Zé be - lê fi - car guer - rei - ros com - guer - rei - ros fa - zem zi - gue zi - gue zá! Guer - zá!

O caranguejo

Arranjo: Max Riccio

Ca - ra - gue - jo não é pei - xe ca - ran - gue - jo pei - xe é, ca - ran - gue - jo só é pei - xe na en - chen - te da ma - ré ca - ran - ré.

V: Quinta posição - quando o **1** ocupa a 5ª casa.
¢V: Meia-pestana na quinta posição - utilizar o **1** para pressionar a 1ª e 2ª corda ao mesmo tempo na 5ª casa.

Minina, saia comigo

Arranjo: Max Riccio

Mi - ni - na sai - a co - mi - go, di - vir - ti e pas - si - á.
A - ma-nhã é di - a san - to, nois va-mo ao ju - qui - á.

X: Golpe suave no cavalete com o polegar da **MD**.
▲: Golpe suave na lateral do violão com a palma da **ME**.

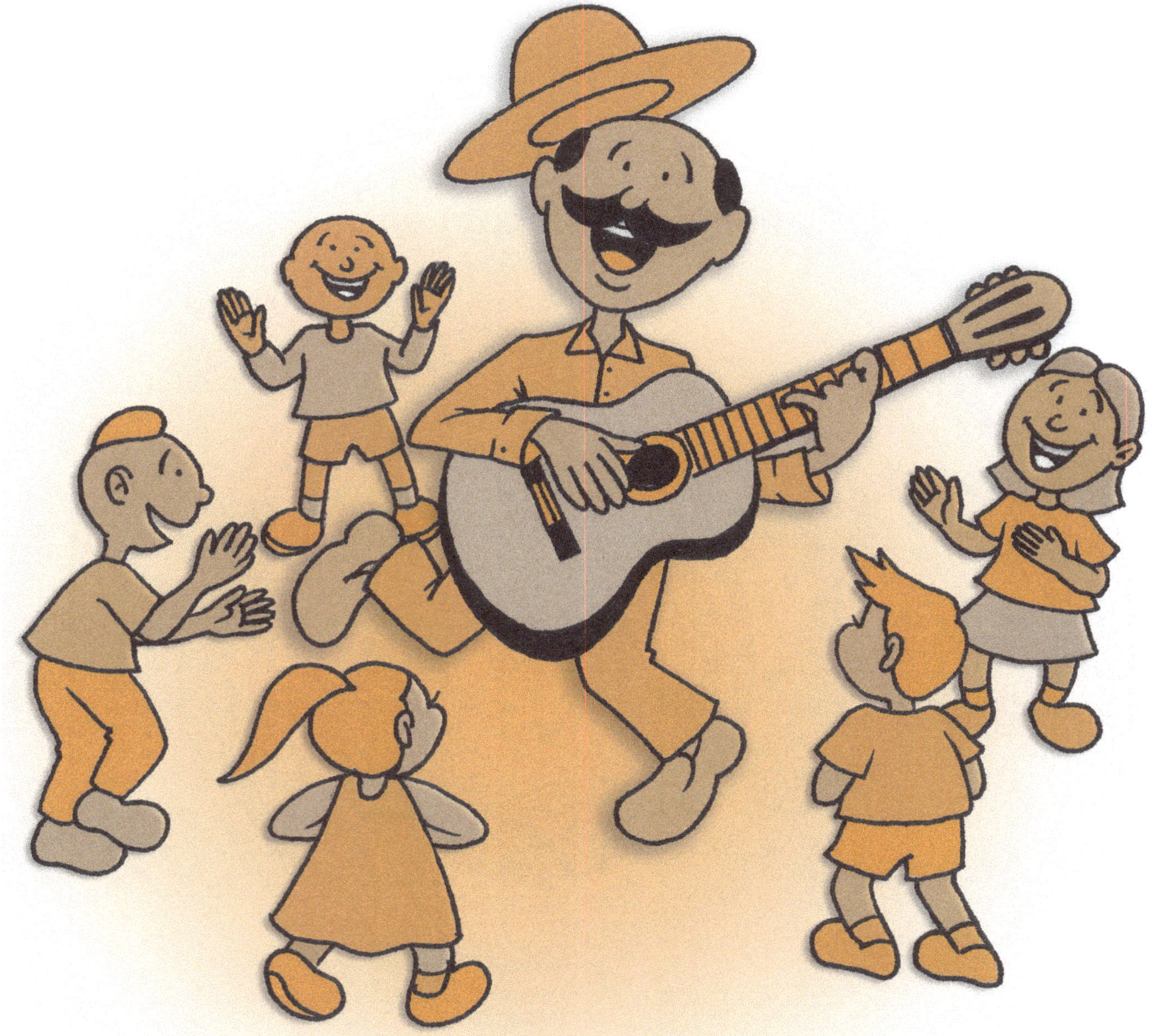

Pai Francisco

Arranjo: Max Riccio

Andante

Pai Fran-cis-co en-trou na ro — da to-can-do seu vi-o-lão da-ra-rão dão dão da-ra-rão dão dão, vem de lá seu de-le-ga-do e Pai Fran-cis-co sai da pri-são co-mo e-le

Allegretto

vem to-do re-que-bra-do pa-re-ce um bo-ne-co de-sen-gon-ça-do, co-mo e-le ça-do.

•: **Staccato** - encurta a duração do som. **ME**: afrouxar a pressão dos dedos sobre as cordas, logo após o toque, mas sem desencostá-los totalmente das cordas. **MD**: encoste os mesmos dedos que tocaram para interromper a vibração das cordas.

DICA para o **baixo**: manter **i**, **m** e **a** encostados nas cordas agudas.

Bela pastora

Arranjo: Max Riccio

Andante

Lá em ci - ma - da - que - la mon - ta - nha a - vis - tei u - ma be - la pas - to - ra que di - zia - a em sua - a lin - gua - gem que que - ri - a ca - sar. Lá em sar.

Capelinha de melão

Arranjo: Max Riccio

II : **Segunda posição** - quando o **1** ocupa a 2ª casa

PARTE III
Violão solo

Ciranda, cirandinha

Arranjo: Max Riccio

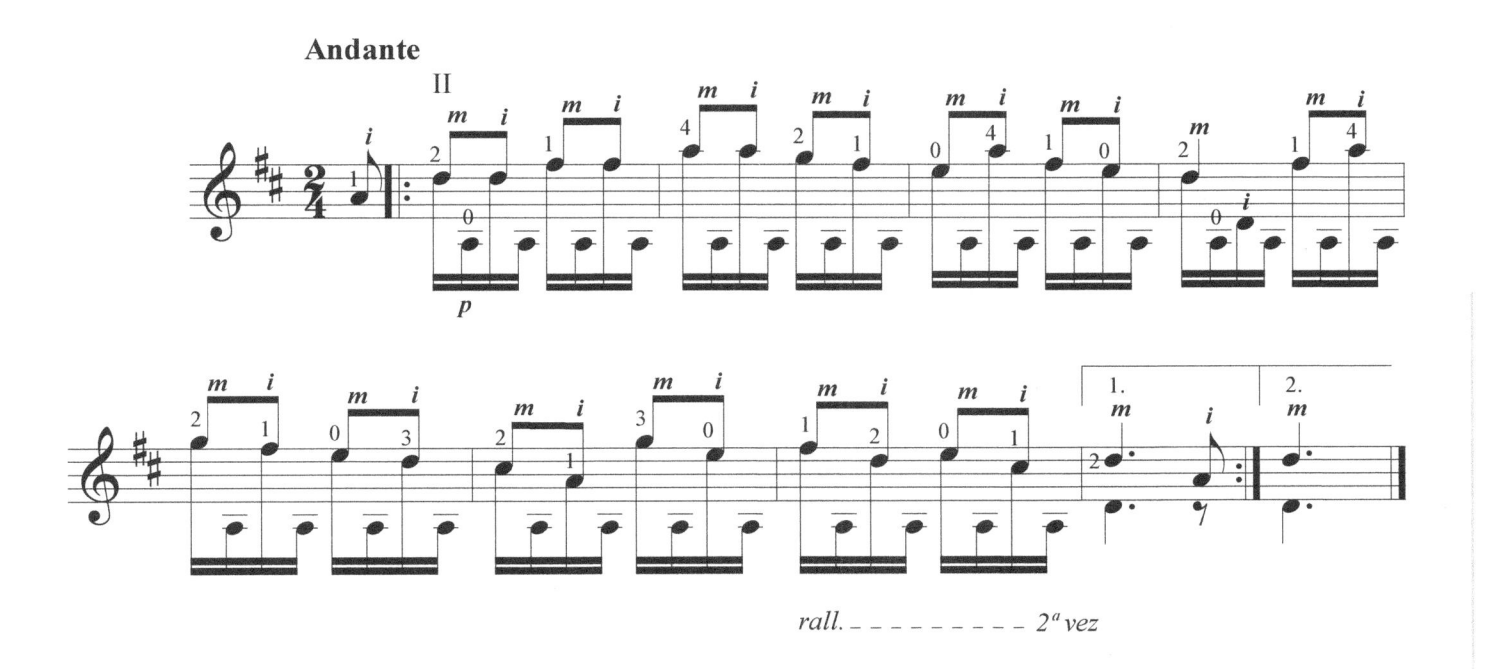

Capelinha de melão

Arranjo: Max Riccio

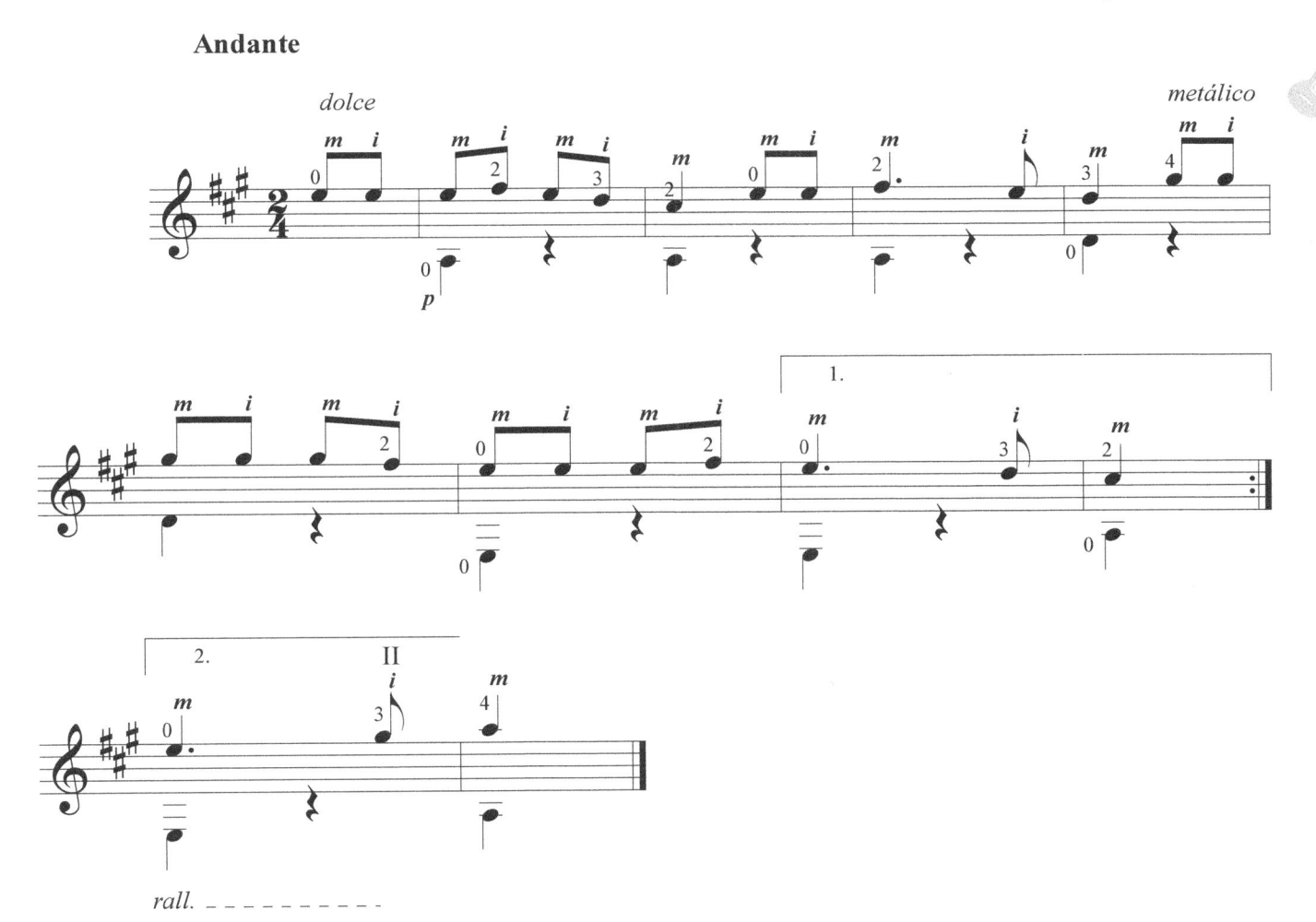

Dolce: tocar na região da boca do violão, próximo da escala.
Metálico: tocar mais próximo ao cavalete.

Marinheiro, encosta a barca

Arranjo: Max Riccio

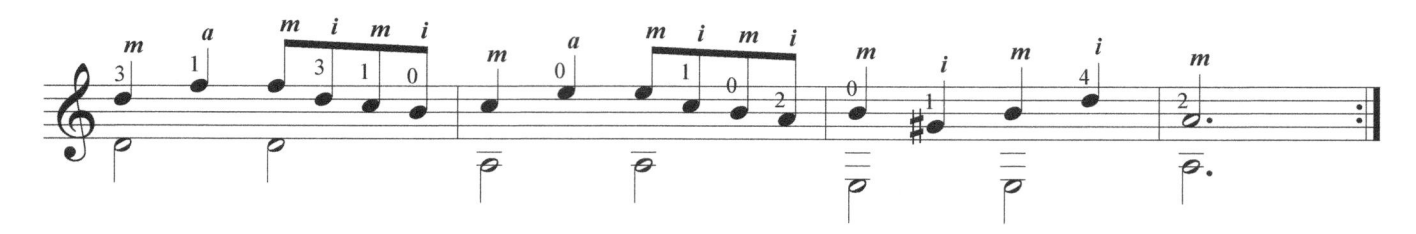

Nesta rua

Arranjo: Max Riccio

O cravo brigou com a rosa

Arranjo: Max Riccio

Andante

Tororó

Arranjo: Max Riccio

Andantino

Lavadeira

Arranjo: Max Riccio

Allegretto

Bela pastora

Arranjo: Max Riccio

Andante

Natural: tocar na região da roseta, entre a boca do violão e o cavalete.
Metálico: tocar mais próximo ao cavalete.

Teresinha de Jesus

Arranjo: Max Riccio

Andante

Peixe vivo

Arranjo: Max Riccio

Andante

Dolce: tocar na região da boca do violão, próximo da escala.
Natural: tocar na região da roseta, entre a boca do violão e o cavalete.

Sinhá Marreca

Arranjo: Max Riccio

Andantino

O caranguejo

Arranjo: Max Riccio

Adagio

Samba-lê-lê

Arranjo: Luis Carlos Barbieri

Andantino

Metálico: tocar mais próximo ao cavalete.

Juliana e Dom Jorge

Arranjo: Luis Carlos Barbieri

Andante

Pai Francisco

Arranjo: Luis Carlos Barbieri

Allegretto

pouco mais lento

Tempo 1º

Procedência das canções

Todas as canções foram selecionadas do livro 500 Canções Brasileiras, de Ermelinda A. Paz. Portanto, os números das canções e páginas são referentes ao livro publicado pela editora Musimed, em 3ª edição no ano de 2015.

	Procedência	Número da canção	Pág.
Bam-ba-la-lão	Realengo - RJ	21	36
Bela pastora	Rio Grande do Norte	320	121
Canção de desafio	Rio de Janeiro	143	68
Capelinha de melão	Realengo - RJ	65	48
Chicotinho queimado	Rio de Janeiro	365	135
Ciranda, cirandinha	Realengo - RJ	20	36
Escravos de Job	Realengo - RJ	112	59
Juliana e Dom Jorge	Rio Claro - SP	227	92
Lavadeira	Coco alagoano	7	32
Lê lê lê	Mogi das Cruzes	206	86
Marinheiro, encosta a barca	Espírito Santo	225	92
Minina, saia comigo	Pernambuco	165	75
Moçambique	Cunha - SP	78	51
Nesta rua	Realengo - RJ	270	105
O caranguejo	Rio Grande do Norte	77	51
O cravo brigou com a rosa	Realengo - RJ	5	32
O leme me chamô	Mogi das Cruzes	192	83
Pai Francisco	Realengo - RJ	127	63
Peixe vivo	Realengo - RJ	83	52
Pezinho	Paraná	66	48
Samba-lê-lê	Realengo - RJ	168	76
São João Batista	Sorocaba	207	86
Sinhá Marreca	Espírito Santo	230	93
Teresinha de Jesus	Realengo - RJ	228	93
Tororó	Rio Grande do Norte	69	49